आकाश में देह

(नवलेखन पुरस्कार से सम्मानित कविता-संग्रह)

ज्ञान गरिमा के
72 वर्ष

भारतीय
ज्ञानपीठ

णाणं
पयासयं

वीर नि. सं. 2470

ई. सन् 1944

भारतीय ज्ञानपीठ

आकाश में देह

घनश्याम कुमार देवांश

भारतीय ज्ञानपीठ

लोकोदय ग्रन्थमाला : ग्रन्थांक 1325

ISBN 978-93-263-5585-8

आकाश में देह

(कविता-संग्रह)

घनश्याम कुमार देवांश

प्रकाशक : **भारतीय ज्ञानपीठ**

18, इन्स्टीट्यूशनल एरिया, लोदी रोड, नयी दिल्ली-110 003

मुद्रक : विकास कम्प्यूटर्स ऐंड प्रिन्टर्स, दिल्ली-32

आवरण चित्र : नेहा चौहान सहगल

आवरण : महेश्वर

AKASH MEIN DEH

(Poem)

By Ghanshyam Kumar Devansh

Published by

Bharatiya Jnanpith

18, Institutional Area, Lodi Road, New Delhi-110 003

Ph. : 011-24698417, 24626467; 23241619 (Daryaganj)

Mob. : 9350536020; e-mail : bjnanpith@gmail.com

sales@jnanpith.net; website : www.jnanpith.net

First Edition : 2017

Price : Rs. 230

आदरणीय माँ–पिता
एवं
मित्र हिम्मत सिंह नेगी के लिए

अनुक्रम

दुनिया जिसे कहते हैं

डरो

डरो
लेकिन ईश्वर से नहीं
एक हारे हुए मनुष्य से
सूर्य से नहीं
आकाश की नदी में पड़े मृत चन्द्रमा से
भारी व वज्र कठोर शब्दों से नहीं
उनसे जो कोमल हैं और रात के तीसरे पहर
धीमी आवाज़ में गाये जाते हैं
डरो
धार और नोक से नहीं
एक नरम घास के मैदान की विशालता
और हरियाली से
साम्राज्य की विराट ललाट से नहीं
एक वृद्ध की नम निष्कम्प आँखों से

सभ्यता और चूहे

मैं मनुष्य को चूहों में बदलते देख रहा हूँ
चूहे जिन्हें अनाज के सिवा कुछ नहीं चाहिए
उनकी अनन्त कालजयी भूख
उनके दाँतों में समा गयी है
जिसे लिए वे भटक रहे हैं
हालाँकि ये सही है कि उनसे बचने को
पाली गयी हैं मोटी, फुर्तीली, चालाक बिल्लियाँ
लेकिन ये बिल्लियाँ एक दिन नाकाम साबित होंगी
आदमी को चूहों से बचाने में

वे आदमी की शक्ल में चूहे हैं
जो चूहों को मारकर खा रहे हैं
क्या तुम्हें ये देखकर खौफ़ नहीं होता
क्या तुम्हारी हड्डियों में कँपकँपी नहीं पैदा होती
चूहों के भूखे नुकीले दाँतों को देखकर
क्या तुम्हें सिहरन नहीं होती

यदि हाँ, तो इसे स्कूल के सिलेबस में शामिल करो
चूहों के बीच जाकर रहो और सोचो कि उनकी भूख
का जिम्मेदार कौन है
बन्द करो पत्थरों पर चूना लगाकर दीवारें गढ़ना
बन्द करो घरों के अहाते में

खूँखार कुत्ते और बिल्लियाँ तैनात करना,
उनके बिलों पर जहर मिली
आटे की गोलियाँ डालना बन्द करो
मनुष्य होकर मनुष्यनुमा चूहे
भूनना बन्द करो

मैं देखता हूँ करोड़ों अरबों चूहे दल बाँधकर
सुरंगे खोद रहे हैं
वे पूरे अमरीका और यूरोप में छा गये हैं
वे नई दिल्ली और गुड़गाँव के सीवरों में अपने पैने
दाँत लिए आलीशान इमारतों की
बुनियाद खोद रहे हैं
सँभल जाओ इससे पहले एक सुरंग तुम्हारी कालीन के पीछे
या किताबों की अलमारी में आकर खुले
वे सब कुछ चबा जाएँगे
तुम्हारे किचन की एक-एक रोटी
तुम्हारे जिस्म की एक-एक बोटी
देखना, तुम्हारे घर के ड्राइंग रूम में
एक लाश पड़ी होगी जिसे चूहे कुतर रहे होंगे
और तुम ये सोचकर अपने को जगाने की कोशिश कर
रहे होंगे कि ये बस एक बेहूदा सपना है

सबकुछ कुतरकर खा लेने के बाद वे तुम्हारी तरफ बढ़ेंगे
तब तुम अपना आखिरी हथियार चलाओगे
तुम उन्हें संविधान और कानून
की पोथियाँ दिखाओगे
जिसे आजतक तुम उनसे बचाते आए हो
तुम ज़ोर-ज़ोर से संविधान की धाराएँ पढ़ोगे
लेकिन वह मौत के मर्सिए में बदल जाएगा
वे तुम्हारे सामने एक-एक पन्ना कुतरकर निगल जाएँगे
उनके चेहरों पर एक भयानक
और वीभत्स मुस्कान होगी

जिसके आगे कुछ नहीं बचेगा

तुम्हारी बनाई सभ्यताएँ चूहे लील चुके होंगे
पूरी दुनिया पर सिर्फ़ चूहे होंगे
उनके दाँत होंगे
और होगी उनकी अनन्त भूख
तुम पछताने के लिए नहीं रह जाओगे
कि काश तुमने सभ्यता, अनाज और संविधान को
उनसे साझाकर उन्हें चूहा
हो जाने से बचा लिया होता

मछुआरे

विन्ध्य घुटनों के बल
एक उदास बूढ़े की तरह बैठा था
और मछुआरे गंगा में डूबे साध रहे थे मछलियाँ
उनके चेहरे पर एक पवित्र मुस्कान थी
मन्दिर से लौट रही औरतों
और पुजारियों से भी कहीं अधिक पवित्र मुस्कान
मैं हैरान था मछलियाँ मारने के काम में
इतनी पवित्रता देखकर

सरयू

पहली बार पृथ्वी के चलायमान होने का सुख
महसूस किया तुम्हारी बालू पर खड़े होकर
शरीर के भीतर का पानी और मछली होने का सुख
पहली बार जाना तुम्हारे भीतर उतरकर

मैंने ईश्वर से कहा
अगली बार तुम्हारी देह में मछली होने के लिए

चिड़िया जिन्दा थी

वह बहुत देर चुप रहा
इतना चुप कि उसे घबराहट
होने लगी कि वह है भी या नहीं
उसने उसी खामोशी में
एक पत्थर सूरज की ओर उछाला
एक चिड़िया खट्ट से नीचे गिरी
वह उसके पास गया और उसे उठाकर देखा
चिड़िया जिन्दा थी
उसकी आँखों में वह था
उसकी जान में जान आयी यह जानकर
कि वह है

खबर

देर रात एक पक्षी अपार्टमेंट की ऊँची बिल्डिंगों
के बीच चीखता रहा चक्कर काटता हुआ
खिड़कियों के भीतर पूरा जंगल सो गया था
बहुत देर तक पीटी उसने जंगल की खिड़कियाँ
लेकिन दरवाज़ा एक न खुला
सुबह दरवाज़े पर वह एक अख़बार में
लिपटा मिला

एक पैसे में महानगर

सुबह बहुत उदास थी
और मेरे भाड़े के कमरे में
धूप के तन्तु ओढ़े दूर तक पसर आयी थी

कोई किसी से कुछ नहीं कह रहा था
खिड़की के बाहर की चिड़िया भी
रेलिंग पर हिलती-डुलती
खामोश बैठी थी
और हवा का संवादहीन शोर
एक निरर्थक सायरन की तरह बज रहा था

जबकि मैं
इस सवाल से जूझ रहा था
कि सुबह
इतनी सुबह-सुबह आखिर इतनी उदास
क्यों थी
कि सबके सब ही जैसे उदास थे
चुप थे

जबकि कॉल दरें इतनी सस्ती थीं
कि पूरे दिन और पूरी रात
सिर्फ़ एक पैसे में
बात की जा सकती थी

वे थोड़े से पैसे

वे थोड़े से पैसे भी
ख़त्म हो गये
जब वे दिन आ गये
तो लगा उनका होना
कँपकँपाती सर्दियों में
आग की तरह होना था
वे प्रलय में आखिरी बचे
कुछ बीजों की तरह थे
वे उन पत्तियों की तरह थे
जिन्हें आँधियाँ भी नहीं उड़ा पायी थीं
नदी की कोख में मछलियों
और तपते आकाश में
रूई के टुकड़ों की तरह थे वे

वे विशाल भूख के सामने
एक चुनौती
और
घोर तनाव के दिनों में
बची रह गयी नींद की तरह थे

वे थोड़े से पैसे
पैसों से कुछ अधिक थे

नौकरी न होने के दिनों में : एक

ऐसा भी होता है कि
कभी अच्छा-ख़ासा आदमी खरगोश हो जाता है
जिसे लगता है कि
दुनिया में उसके
और शिक़ारियों के अलावा कोई
तीसरी प्रकार की जीवित चीज़ नहीं पायी जाती

ये बहुत आम बात है
कि ऐसा आदमी हर बात पर शक़ करता है
इस बात पर भी जब उसकी प्रेमिका
उसके गालों को चूमते हुए
बराबर कहती है कि वह अब भी
उसे प्यार करती है

उसे अकसर अपने ही घर का दरवाज़ा
बुरा मानता प्रतीत होता है
वह अकसर खिड़कियों से भीतर
बुदबुदाता है कि उसके और घर के बीच से
दरवाज़ा हटा लिया जाए

वह माँ का मुँह ताक़ता रह जाता है
जब माँ

घर में सिर्फ़ उसी से पूछती है
कि आज क्या खाने का मन है
जब पिता घर में प्राय: सोते हुए
मिलते हैं और बहनें
धूप में चोटियाँ सेंकती हुईं

खरगोश हुआ आदमी
नहाते समय बाल्टी के सामने
शर्मिन्दा होता है
कि वह आखिर इतना क्यों डरता है
पार्क में आलिंगनबद्ध एक जोड़े से

नौकरी न होने के दिनों में : दो

आजकल
अकेले में पीनी पड़ती है चाय
टिफिन खोलना पड़ता है
बिना किसी आवाज़ के
सफ़र पर निकलना होता है
अकेले ही
प्रेमिका से बोलना पड़ता है
झूठ कि बहुत व्यस्त हूँ
बुखार को थकान
और बेकारी को मन्दी कहना पड़ता है

रेज़गारी सँभालते हुए
एक परिचित की निगाह को
बतानी पड़ती है
महानगर में उसकी अहमियत
जबकि
शादी और जन्मदिन की पार्टियाँ
वाहियात लगती हैं
और अच्छे-ख़ासे दोस्त
आवारागर्द

कितना मुश्किल है आजकल

विनम्र बने रहना
और
प्रकट करना उदारता
नौकरी न होने के दिनों में

नौकरी एक चुड़ैल

नौकरी मेरी पीठ पर लदकर घर चली आती है
वो मेरे साथ सोफ़े पर पसर जाती है
जब मेरी उँगलियाँ जूतों के फीते टटोलती हैं
वो एक चुड़ैल की तरह मेरी आत्मा में उतर जाती है
वह मेरे पैर की पिंडलियों में मोजों के दबाववाले
गहरे गोल चकत्ते बनाती है
उस वक़्त मैं अपने पैर चूमना चाहता हूँ लेकिन
मेरे होंठ वहाँ तक नहीं पहुँचते

चुड़ैल शामियाने ढहानेवाले
कुशल मजदूर की तरह मेरे शरीर
का हर मोड़ ढीला करती जाती है
और मैं सोफ़े में धँसता चला जाता हूँ
सहसा सोफ़ा एक कब्र हो जाता है
मैं डर से चीखता हूँ
मेरी बीवी किचन से पानी का
गिलास छोड़कर दौड़ती है
बिटिया बालकनी से स्कूल डायरी
फेंककर भागती है मेरी तरफ
वे मुझे समेट लेते हैं
चुड़ैल अपने काले पंख पसारे उड़ जाती है
और जाकर बिजली के खम्भे पर उल्टा लटक जाती है

डिनर के प्राइम टाइम में
एक कोरस बजता है जिसमें एक सरदार वाहियात
चुटकुलों पर आँखें भींचकर ठहाके लगाता है,
एक अभी-अभी पैदा हुआ योद्धा
अपने पिता के साम्राज्य को बचाने की तरकीबें गढ़ता है
और एक मॉडल अपने शरीर को चमकदार
व मुलायम बनाए रखने के नुस्खे बताती है
इस सबसे अलग मेरी बिटिया
मेरी रीढ़विहीन पीठ पर बैठकर पूरी दुनिया का
एक चक्कर लगाना चाहती है
जबकि मेरी बीवी मेरे सीने पर
अपना चेहरा धँसाकर मुझसे अपना दिन बाँटना
चाहती है
लेकिन चुड़ैल खम्भे से तयशुदा
समय पर उतर आती है
और लाल हरी बत्तियों के रूप में
जगमगाती है एक चेतावनी की तरह
मैं घबरा जाता हूँ
बीवी का हाथ कन्धे से और बिटिया का सिर अपनी गोद से
हटा देता हूँ
मैं आधी-आधी रात जागता हूँ
चुड़ैल को अपनी गोद में सँभाले
मैं उसे रात के तीसरे पहर तक साधना सीखता हूँ
हर रोज जिन्दा रहने के लिए

नौकरी एक जूता

ये मैं नहीं हूँ—सुबह साढ़े दस बजे
अपने जूतों के फीतों को बाँधता हुआ
ये मेरे मालिक के हाथ हैं जो मुझे जूतों में कैद कर रहे हैं
यह मेरी गाड़ी नहीं है
दरअसल यह जूता है जिसके भीतर बैठकर
मैं हर रोज हाजिर होता हूँ
इस जूते के बाहर एक ब्रांड का लेबल चस्पा है
बेशक़ यह एक महँगा जूता है
और मैं इस बात पर फक्र कर
सकता हूँ कि करोड़ों लोग
अपने फटे हुए जूतों और चप्पलों
के रिक्शे पर बैठकर आते हैं
और मुझे अपने सामने पाकर सलाम ठोंकते हैं
लेकिन यह शायद मैं ही जानता हूँ कि
इस जूते के भीतर कितनी घुटन और बेचैनी है
एक दुर्गन्ध में लथपथ रोज लौटता
हूँ मैं अपने घर के सीलिंग फैन के नीचे
मैं एक इतवार का इन्तजार करता हूँ
इस पसीने भरी दुर्गन्ध को
अपने वजूद से सुखाने के लिए

मालिक का इन्तज़ार

बुरे समय में
मालिक के चुटकुले सुनाने से आरामदायक व
सुकूनभरी बात कोई और नहीं हो सकती
जबकि अपने लड़के की किलकारी पर आप उसे एक झापड़
रसीद कर सकते हैं
बीवी की मुस्कान पर आलू की तरीदार सब्जी
वॉशबेसिन के हवाले कर सकते हैं
और दोस्तों की महफ़िल से भारी जूतों में हल्के पैर लिए
देर रात अपने घर लौट सकते हैं
दरअसल बुरे समय में सूर्य यह बताने की ताक़त खो देता है
कि अभी अँधेरा नहीं हुआ है
चिड़िया, बच्चे और हरी घास से भरा मैदान
ये बताने के लिए काफी नहीं रह जाते
कि दुनिया में मुस्कराने के लिए
मालिक का इन्तज़ार नहीं किया जाना चाहिए

महानगर में नौकरी

मैंने तुमसे दो वक़्त की रोटी का जुंगाड़ माँगा
और तुमने छत्तीस कागजों के दस्तावेज़ पर नापकर
खरीद ली मेरी पूरी ज़िन्दगी
मेरे मन, शरीर और आत्मा के साथ

मैंने तुमसे सिर पर एक अदद छत का
जुगाड़ माँगा और तुमने मुझे अपने तहख़ाने में कैद कर लिया
बारिश, मिट्टी, पेड़ों और परिन्दों से दूर
मैंने तुमसे दो जोड़ी कपड़ों का जुगाड़ माँगा
और तुमने मेरी आत्मा से लेकर ज्ञानेन्द्रियों तक
कसकर बाँध दी कपड़ों की पट्टियाँ

धीरे-धीरे तुमने ख़त्म कर दिया
एक मनुष्य

जब मालिक खुश होता है

जब मालिक मुस्कराता है
तो लगता है
चाँद की बंजर पथरीली धरती पर
सूरजमुखी उग रहे हैं

जब मालिक गाता है
तो नाचने लगते हैं आठों ग्रह
जब मालिक नाचता है
तो सूरज भी अपनी स्थिरता त्यागकर
कहकहे लगाने लगता है

जब मालिक खुश होता है
तो किसी भी दुःख में रोना
या मायूस रहना
पाप-सा लगने लगता है

और जब मालिक
चुप-चुप रहने लगता है
तो जैसे रास्ता काटने लगती हैं बिल्लियाँ
और पैरों में
एक झुनझुनाहट-सी रहने लगती है
आठों पहर

जब मालिक डाँटता है
तो हिमालय भी सागर में समा जाता है
तारे टूटने लगते हैं
और आने लगते हैं बुरे-बुरे सपने

जब मालिक नाराज़ होता है
तो अकेले में भी मुस्कराते हुए
डर-सा लगने लगता है

मैराथन

वे हमें इस गोल धरती पर दौड़ा रहे हैं
एक महान लक्ष्य के लिए
और उनकी स्लेज में कुत्तों की तरह गुँथे हुए
हम बटोर रहे हैं अपने-अपने मालिकों के लिए
मुद्राएँ, अशर्फियाँ और उपलब्धियाँ
हमारे समय की ये महामैराथन है
और स्लेज मालिकों में
पीछे रह जाने के प्रति अत्यधिक बेचैनी है
उनकी बेचैनी हमारी पीठ की रंगत और पैर के छालों से
समझी जा सकती है
पृथ्वी के गोल रनिंग ट्रैक से घायल
और मरे हुओं के शरीर तेज़ी से हटा लिए जाते हैं
कुछ लोग बताते हैं कि वे कभी
अपने मालिक को उसके लक्ष्य तक नहीं पहुँचा सके
वे ट्रैक के किनारे पड़े
अंतिम साँसे गिनते हुए हमारे हौंसले बढ़ा रहे हैं
कि शायद हम धरती का अन्त और
आसमान की गोद पा सकें

दुख और दफ़्तर

मैं दफ़्तर निकलता हूँ
तो दुख को
घर की अलमारी में छुपा देता हूँ
वह एक सशंकित प्रेमी–सा
निहारता है मुझे
शक़ करता हुआ मेरे लौटने पर

मैं बसों में, मेट्रो में
और पैदल गुजरता हूँ
हर आदमी मेरी मुस्कान को
एक शक़ की निगाह से देखता है
दफ़्तर का गार्ड
मुझे और दिनों से कुछ ज्यादा देर तक
देखता है
मैं उसे घूरता हूँ
वह मुझे सलाम ठोंकता है

मैं दफ़्तर में पूरा दिन
मुस्कराता हूँ
एक निवाला अधिक खाता हूँ लंच में
दो मिनट फालतू हँसता हूँ
सहकर्मियों के चुटकुले पर

मैं देर शाम अपने कमरे पर
सुरक्षित लौट आता हूँ
बिना पकड़े गये
मैं अकेले में फिर से मिलता हूँ
अपने दुख से
एक प्रेमिका की तरह
बिस्तर पर उसे चूमते हुए

तो फिर यही ठीक है

तो फिर यही ठीक है
मुझे मंजूर है
मैं जल्दी ही नीम का पेड़ हो जाऊँगा
दिल्ली की किसी सड़क के डिवाइडर में
थोड़ी-सी मिट्टी ढूँढ़कर

बस एक शुरुआत के लिए क्या आप मेरे वास्ते
दो-तीन गिलहरियों और तीन-चार कौवों का इन्तजाम
कर सकते हैं?

मोक्ष

कुछ चीजें चाहीं ज़िन्दगी में
जो कभी पूरी न मिल सकीं
जैसे दो क्षितिजों के बीच
नपा-तुला आकाश
और कुछ अतृप्तिमय वासनाएँ
जो कंठ के भीतर उलझती रहीं आपस में
गुत्थमगुत्थ

मैं रहा निःशब्द, निःसंग और उदासीन
नहीं बनाया एक भी अधूरा चित्र
नहीं लिखी अधूरी कहानी या कविता कोई

भले मैं रहना चाहता हूँ एक शून्य की तरह
पूरी दुनिया को भरमाता हुआ
जब तक कि पा ही नहीं लेता
वह महाशून्य का अदम्य अपार महाकाश
जो हो शब्दाभिव्यक्तियों से भी
दूर और परे

जहाँ आँखों के बाहर-भीतर
वही एक महाशून्य हो
मस्तिष्क की शिराएँ भी

जहाँ शान्त हो पड़ जाएँ निस्पन्द
और विचारग्रस्त स्नायुओं की
मर्मान्तक पीड़ा टेक दे घुटने हमेशा के लिए
और तब एक ऐसी लम्बी
न ख़त्म होनेवाली
रेखा से पिरोयी जाएँ दुष्ट और पवित्र
कही जानेवाली आत्माएँ एक साथ

कितना अच्छा लगता है यह सोचना ही
कि इस विशाल ब्रह्मांड की
आकाशगंगा के जल से
बनाया जाए इतना बड़ा हम्माम
कि जिसमें हम सभी हो सकें निर्वस्त्र
और जिसके किनारों से
ब्रह्मांड की गलियों में घूमते
अज्ञात लुटेरे आकर उठा ले जाएँ
यकायक हमारी सभी खालें
केंचुलें, मुखौटे, दुःख रिसते हृदय,
मोहग्रस्त आँखें और
तनाव से ऐंठती
स्नायु शिराओं के सम्पीड़ित गोले

सब कुछ मतलब
सब कुछ उठा ले जाएँ वे
और हम चिरात्माएँ
नहाकर निकलें
उज्ज्वल व आलोकित पंखमय होकर
थकान और ऊब से रहित
किसी अज्ञात महाशून्य की
एक महाउड़ान के लिए

शान्ति की आकांक्षा

हर दौर में कुछ ऐसे लोग होते रहे
जो लोगों की आँखों में
आँच फूँकने की कला में माहिर थे

ऐसे लोग हर युग में नियन्ता बने
और उन लोगों के माथों पर
असन्तोष की लकीर खींचते रहे
जिनके चेहरे पर एक चिर अभावग्रस्त उदासी थी

उन चन्द लोगों ने
उन अधिकांश लोगों की सेनाएँ बना लीं
जो अपनी आँखों में
अमन और बेहतर ज़िन्दगी के
सवाल लिए बेचैन थे

उन चन्द लोगों ने
उन अधिकांश लोगों को बड़ी आसानी से
यह समझा दिया था
कि हर आग लड़कर ही बुझाई जा सकती है

इसीलिए
युद्ध लड़नेवालों की कुल संख्या में से

करीब नब्बे फ़ीसदी लोग
तो दरअसल वे थे जो युद्ध नहीं
बल्कि शान्ति की आकांक्षा में मारे गये

बातूनी लड़की

बातूनी लड़की बातों का पंखा झलती थी दिन-रात लगातार
इस तरह वह वक़्त को बैठने नहीं देती थी
अपनी आत्मा पर
लड़की दुनिया के बारे में कुछ नहीं जानती थी
न ही दुनिया को पता था कुछ
उसकी दुनिया के बारे में
लड़की और दुनिया के बीच यह लड़ाई लम्बे समय
से चल रही थी
और इस लड़ाई में वक़्त भी दुनिया के तरकश में
शामिल था

लड़की कितनी अकेली थी
और कितनी अकेली थीं उसकी बातें
कैमरे और आइने से
उसकी मोहब्बत दिन-ब-दिन बढ़ती जाती
वह अपने अक्स में अपने आप को ढूँढ़ती
अपने बालों में, अपनी आँखों में, अपने माथे पर
अपनी हथेलियों में,
वह अपनी त्वचा को अपनी उँगलियों से छूती
और अपने आप से पूछती क्या यही हूँ मैं

पूरी रात वह अकेली सोती

पूरी रात वक़्त उसके सिरहाने बैठा रहता
पूरी रात चाँद छत पर टहलता
पूरी रात हवा खिड़की पर बैठी रहती
पूरी रात दुनिया में सन्नाटा पसरा रहता
जब थकी हुई बातूनी लड़की चुपचाप
अपनी आँखों के भीतर सोई रहती

बच्चों का देश

एक बच्चा सड़क पर अख़बार उठाते समय कार
के नीचे आ गया और चल बसा
जबकि उसे उम्मीद थी कि
अख़बार उसे भूखा मरने से बचा लेगा
एक बच्चा स्कूल के बाहर ग्रिल
पर अपना माथा टिकाए
आखिरी बार देखा गया था
उसकी लाश सुबह कचरे के ढेर में शामिल थी
एक और बच्चा था
जो स्कूल के अहाते के भीतर ही ख़त्म हो रहा था
हालाँकि लोग उसे पहचानने की कोशिश कर रहे थे
लेकिन इस शिनाख़्त के बीच ही
वह भी रूठकर चला गया था

एक प्रधानमन्त्री लाल किले की प्राचीर से
कह रहा था कि भाइयों हमारे यहाँ इतने बच्चे हैं
इतने बच्चे हैं कि ये बच्चों का देश है
जनता उसकी बात पर ताली बजाने लगी
और मैं सोचने लगा
कि सचमुच हमारे यहाँ कितने बच्चे हैं
इतने कि वे न स्कूल में समाते हैं, न बगीचों में
न वे खेल के मैदानों में अटते हैं, न मेलों में

वे इतने हैं कि हर कहीं हो गये हैं
कूड़ेदानों में, कचरे के मैदानों में,
नालों में, पुलों के नीचे,
गटर के भीतर,
कुत्तों और सियारों के बीच
हर कहीं
दुर्भाग्य कि वे इतने हो गये हैं
आजकल बच्चे कितने सस्ते हो गये हैं

रोहित वेम्यूला! क्या तुम्हें पता है?

क्या तुम्हें पता है तुम्हारे जाने के बाद
एक लड़की कितना रोयी?
वही जो तुम्हारी तस्वीर उठाए सड़कों पर पुलिस
की लाठियाँ खा रही थी
लेकिन जिसकी आवाज़ पर
लाठियों का कोई असर नहीं था
पुलिस हैरान थी कि उसकी लाठी से उसकी पीठ कहीं
अधिक मजबूत थी
वॉटर कैनन चलानेवाले दुःशासन की तरह चक्कर खाकर
गिर चुके थे
लेकिन उस लड़की को भिगो तक नहीं पाए थे
वो बस अपने ही आँसुओं से गीली थी

हर शाम जब वह अपनी नीली पीठ, डगमगाती जाँघें
और सैलाब भरी आँखें लिए घर लौटती तो
परिवार उसे एक चाकू की तरह देखता
लेकिन वह चुपचाप तुम्हारी तस्वीरवाला
पोस्टर लिए जाकर अपने बिस्तर पर औंधे मुँह गिर जाती
वह रोज तुम्हारी तस्वीर पर
अपना भीगा गाल टिकाए सो जाती
कमरे में एक संवाद तीखी बर्फीली हवा की तरह
लड़की के जिस्म औ रूह के चारों तरफ तैरता रहता–
तुम मुझे पहले क्यों नहीं मिले
मैं तुम्हें बचा लेती

आलू

दिनदहाड़े वह मिट्टी की जेब से निकला
और सपनों के रास्ते मेरी नींद में चला आया
वह जिस रास्ते से गुजरता हुआ
मेरी नींद में पहुँचा
वह यूरोप में औद्योगिक क्रान्ति का युग है
जिसे उसने भूख से अकेले बचा लिया था
जब मौत और मजदूर के बीच
वह अपनी अपार सेना के साथ
अकेला डट गया था

आज वह जमीन छोड़कर
सपने में चला आया है
और यह एक खतरनाक बात है

स्टेशन पर पड़ा अनाज

इतने बड़े संसार में अनाज के वे ढेर इतने अकेले थे
कि उनकी उदासी दूर करने के लिए उनके बीच
एक पीपल को जन्म लेना पड़ा
हर साल उस स्टेशन से मैं गुजरता और हर साल
वह पीपल का पेड़ मुझे वैसा ही मिलता
अकेला रखवाली करता हुआ
ऐसे समय में भी जब
चोरी पर बनी फिल्में हिट हो रही हों
उसे चुरानेवाला कोई नहीं था
उस पुराने स्टेशन पर ढेरों का ढेर अनाज सुरक्षित पड़ा था

स्टेशन के बगल में मीलों लम्बे खेत थे
जिनमें सैकड़ों नीलगायें थीं
उन नीलगायों और अनाज के ढेर के बीच महज एक सड़क थी
जिसे नीलगायें भी पार नहीं करना चाहती थीं

गेहूँ

भरा-भरा पका गेहूँ
उदास मन माफी माँग रहा था बिलों से
पोखर की मछलियों से कहलवाया
कि अबके वह किसी करम कारज में
हाज़िरी नहीं दे पाएगा
चिड़ियों से कहा अबकी ओस चाटकर सन्तोष रखना

गेहूँ आदमी से भी कुछ कहनेवाला था
लेकिन तब तक बोरी का मुँह बन्द हो चुका था
गेहूँ बिक चुका था

सायरन

वह ज़ोरों से बज रहा था
गाड़ी के भीतर बैठे शहर के सबसे जरूरी आदमी के लिए
गिलहरियाँ दौड़कर पेड़ों पर चढ़ गयीं
बिल्लियाँ गलियों में और
नेवले नालियों में छुपकर खो गये
सड़क पर पड़ी पत्तियों में भी चीख पुकार मच गयी
आखिर वे भी इतने जरूरी आदमी के रास्ते में
आने का पाप नहीं बटोरना चाहती थीं
आम ने अपने बढ़ते हुए
टिकोरों से कहा : ठहरो,
जरूरी आदमी को गुजर जाने दो पहले
इस तरह जब सबसे जरूरी आदमी
सुरक्षित निकल गया
तो सबने राहत की एक लम्बी साँस ली

अभी सिर्फ़ एक कविता लिखूँगा

ऐसा नहीं है कि इस समय जब ये कविता
लिख रहा हूँ
तो दुनिया के सब जरूरी काम ख़त्म हो गये हैं
और ऐसा भी नहीं है कि कविता लिखना
सबसे जरूरी काम लगने लगा है
लेकिन यही एक काम है जिसे करते हुए
सबसे जरूरी कामों की सत्ता को
चुनौती दे पाता हूँ
चिढ़ा पाता हूँ उन लोगों को
जो अकसर बताते हैं कि
सबसे जरूरी काम स्थगित नहीं किए जा सकते
मैं उनकी पीठ के ठीक सामने
बैठ कर सोचता हूँ कविताएँ और
कहता हूँ नहीं करूँगा सबसे जरूरी काम
अभी सिर्फ़ एक कविता लिखूँगा

अचानक गायब हो जानेवाली एक दोस्त

एक उदास समन्दर के खिलखिलाते टापू पर मैं
उससे पहली बार मिला था
उसे जिसे मैंने शहर में देखकर भी नहीं देखा था
मैंने उसे पहचान लिया था उस एक कतरा उजाले में
जो सूरज के डूबने के बाद बादलों की रूई में
फँसा रह गया था उस रात
मैं जब भी टापू से गुजरता वह हँसती मिलती
और मछलियों की भाषा में बिना रुके बोलती जाती
उसकी आँखों से मोम की तरह
गरम और चमकदार रौशनी झरती
कोई नहीं जानता था (मैं भी नहीं)
कि अकेली होकर क्या वह
उदास होती थी समन्दर की तरह
या फिर रहती थी चुप
मैदान के किनारे जमी धूप की तरह

गाँव में पेड़

गाँव में अब अधिक नहीं बचे हैं पेड़
फोन पर किसी ने बताया
बचे भी कैसे होंगे
सब तो यहीं हैं मेरे साथ

मैं भूखा रहता हूँ
और एक पेड़ आवाज़ देता है मुझे
उठो बेलो मुझ पर रोटियाँ
अकेला होता ही हूँ
कि एक पेड़ आकर बैठ जाता है
मेरे हाथों में : पढ़ो मुझे

मैं एक पर बैठता हूँ
दूसरे की पीठ पर
रात भर लिखता हूँ कविताएँ
और सुबह जागता हूँ
तीसरे की छाती पर सोता हुआ

गाँव और जंगलों में
अब कहाँ होंगे पेड़
उन सब निठल्लों को
नौकरी पर बहाल कर दिया गया है
अब वे हमारे मातहत हैं

मुखौटे

उस समय में
जब दुनिया में चारों तरफ
मुखौटों की भर्त्सना की जा रही थी
हर घर की दीवारों पर टंगे मुखौटे
बहुत उदास थे
क्योंकि सिर्फ़ वे जानते थे
कि वे बिलकुल भी गलत नहीं थे
कि उनके पीछे कोई चाकू
कोई हथियार नहीं छुपे थे
बल्कि उन्होंने तो दी थी कइयों को जीवित रहने की सुविधा
और छुपा लिए थे अपनी कोख में
चेहरों के सारे आतंक, हवाएँ और आशंकाएँ

उन्होंने उन सभी लोगों को
बचा लिया था
जिन्होंने वैभवशाली घरों के काँच तोड़े थे
और सबके सामने कहा था
कि उन्हें किसी का खौफ़ नहीं
मसलन वे सभी
जिनकी तय था हत्या होगी
मुखौटे पहनकर
खो गये थे विशाल जनसमुद्र में

उन्हें खोजना आसान नहीं था
क्योंकि उस समुद्र में
मारनेवाले और मारे जानेवाले
सबके पास
एक ही जैसे मुखौटे थे

कुछ चेहरे

कुछ चेहरे खूबसूरत होकर भी
कितने बेतरतीब होते हैं
कि सुलझाते-सुलझाते दुखने लगते हैं हाथ
दुखने लगती है आत्मा
और तंग आकर जब कभी
उछाल देते हैं हम
तो वे दूर जाकर टंग जाते हैं
आसमान में चाँद की तरह

फिर किसी रात को सोते-सोते अचानक
धप्प से आ गिरते हैं छाती पर
हम चौंककर बैठते हैं
एक चेहरा बिस्तर की सिलवटों में मुस्कराता है—
मैंने कहा था न
कि मैं फिर लौटूँगा!

आप छूना चाहते ही हैं उसे
कि वो एक सपने की तरह
फिर गायब हो जाता है

एक लेखन पुरस्कार वाली शाम

इतने सालों बाद मिला पुरस्कार
इतने सालों बाद घर मिलने आया एक दोस्त
और इतना हँसा इतना हँसा
कि वहीं मर गया

उसका ड्राईवर उसकी लाश
गाड़ी में लादकर वापस चला गया
मैं मारे डर के
रात भर सो न सका

हम पाँच

एक चूहा, एक मकड़ी
और दो छिपकलियाँ
हम कुल पाँच हैं
जबकि
मकान मालिक ने सख़्ती से कहा है
कि कमरे में एक से दो नहीं हो सकते

आधी रात के बाद सुबह तक
चूहा कुतरता रहता है
खाली पन्नियाँ, अर्ज़ियाँ
और अख़बार की खबरें
देखो भाई! वक़्त काटना कोई गुनाह नहीं

मकड़ी बेतहाशा बुनती है
कमरे के एक कोने में जाला
देखो भाई! सपने बुनना
हास्यास्पद भले हो
मूर्खता कतई नहीं

दोनों छिपकलियाँ जैसे मृत पड़ी रहती हैं
दीवारों पर
और झपट लेती हैं

किसी पास भुनभुनाए कीड़े को
देखो भाई!
मरना अभी स्थगित रखो
और जीभ को तैयार

बच्चे

मिट्टी जितनी गहरी होती है
उतना ही गहरा होता है उसका रंग
दरख़्त जितनी कम बारिश की दुनिया पाते हैं
उतनी ही गहरी कर लेते हैं अपनी जड़ें

बच्चे
जितनी जल्दी जागने लगते हैं अपने सपनों से
उतनी ही जल्दी हो जाते हैं
सयाने

नदी में सड़क

सड़क कभी नदी के ऊपर तैरती
तो कभी थककर बैठ जाती नदी की तलहटी में

सड़क जब बैठ जाती तो उठाए नहीं उठती
इंजीनियर माथे को सहलाते सोचते उपाय
जबकि नदी के दोनों तरफ खड़े लोग
नदी को गरियाते

उनका कहना था कि नदी को सड़क के रास्ते में
नहीं आना चाहिए

अच्छे लोग

वे लोग बेहतरीन कहलाए
जिन्होंने अपने पेड़ों पर सिर्फ़ फलों को जगह दी
वे लोग बहुत पसन्द किए गये
जिन्होंने अपनी जुबान को
कूड़ा फेंकने की तश्तरी की तरह इस्तेमाल किया
उन लोगों का क्या कहना
जिन्होंने किसी के साथ प्यार में आने और जाने
दोनों की अधिसूचनाएँ जारी कीं
उनके बारे में कहा गया कि वे समाज में
व्यवस्था बनाए रखनेवाले लोग हैं
इसलिए हमेशा हर जगह
किए गये उनके भव्य स्वागत
और उससे भी अधिक तत्परता
और भव्यता के साथ उन्हें दी गयीं विदाइयाँ

मसीहा

वो जी रहा था किसी तरह
लड़ते हुए
खटते हुए
मरते हुए
वह जल्दी से जल्दी दुनिया बदल देना चाहता था
लेकिन दुनिया थी कि बदलने का नाम ही नहीं ले रही थी
और सूअरबाड़े में पड़ी ज्यों की त्यों बजबजा रही थी
अरसे बाद
अपना चेहरा आईने में
देख वह डर गया एक दिन
उसके चेहरे पर दुनिया बदल चुकी थी

दवा का स्वाद

कितना कड़वा होता है दवा का स्वाद
जबकि उसमें मिला हो दूसरी जरूरतों के तन से खुरचा हुआ
मांस और रक्त
इस कड़वाहट को बीमारी की तकलीफ से
सन्तुलित नहीं किया जा सकता

शक्कर का घोल भी नहीं मिटा सकता इसकी तासीर
यहाँ तक कि प्रेमिका के हाथों का स्पर्श भी नहीं

इतना कड़वा होता है
बेरोजगारी और महँगाई के दिनों में
दवा का स्वाद

भूख से युद्ध

मैं अपनी भूख से लड़ना नहीं जानता
माँ से दूर जब भी अकेला होता हूँ
तो यह एक मायावी तृप्ति रचती है मेरे चारों तरफ

मैं बेबाक निर्द्वन्द्व बेखटके गुँथा रहता हूँ
किसी न किसी जरूरी काम में
कि तभी भूख यकायक घात लगाए बाघ की तरह
जोरदार हमला करती है

दुनिया भर के छोटे-बड़े काम पूरे कमरे में
भय और विस्मय से तितर-बितर हो जाते हैं
मैं घबराकर बर्तन टटोलता हूँ
सब्जी की टोकरी पलटता हूँ
छूरी उठाकर फटाफट तरकारी काटता हूँ
पतीली में आटा राँधता हूँ
और दुनिया का सबसे तेज़ कुक बन जाता हूँ
मैं पन्द्रह मिनट में
दाल चावल, आलू चोखा और रोटी
या फिर खिचड़ी जैसा कुछ भी बनाकर तैयार कर देता हूँ

मैं प्लेट लिए कमरे में लौटता हूँ
जैसे घायल शिक़ारी अपनी बन्दूक के साथ
जंगल में लौटता है
लेकिन हर बार बाघ जा चुका होता है

ज़िन्दगी से लड़ना

जीवन की गति से बैर विद्रोह और युद्ध ?
उसके पास हमसे कहीं अधिक हैं चालाकियाँ, क्रूरताएँ
और दुस्साहस
वह छाती और पीठ पर वार करते समय
उनकी नाप तौल नहीं करती
वह चालाक बिल्ली की तरह
हमसे बच निकलने का हर उपाय जानती है
और जानती है हर दाँव
हमें दलदल में घेरकर मारने का
वह जानती है हमारा इतिहास और समस्त भूगोल
हमारा शरीर, हमारी गन्ध, हमारे बोल
उससे लड़ना ही पड़े तो मत लड़ना
एक योद्धा या शिक़ारी की तरह
लड़ना एक भाई की तरह
भले ही अपनी पूरी क्रूरता, क्रोध और वैमनस्य के साथ

संविधान के दरवाज़े पर

मैं मरूँगा तुम देखना
और जिसके न होने से ये होगा
मैं उन अनाज की बालियों में उतर जाऊँगा
मैं जिस प्यास से मरूँगा
उसे लेकर मैं दुनिया भर की
नदियों और झीलों में समा जाऊँगा
जिस साँस की अनुपस्थिति मेरी मौत होगी
वही निर्वात लेकर मैं वायुमंडल में फैल जाऊँगा

मैं संविधान के दरवाज़े पर
अपनी लाश छोड़ जाऊँगा

दोस्त

वे होते हैं तो अकेला होता हूँ
और जितना ही वे अधिक होते हैं
उतना ही और अधिक अकेला होता हूँ
कितना बड़ा आतंक है
कि इतने अधिक हो गये हैं दोस्त
इतनी अधिक फ़िल्में, कहानियाँ, कविताएँ,
नाटक, शराब, सिगरेटें, लड़कियाँ और नींद

सातवें माले पर अख़बार

यहाँ सूरज के उगने और
डूबने की कोई आवाज़ नहीं होती
इतनी ऊपर अख़बार सनसनाकर नहीं आता बालकनी के गमले पर
वह दरवाज़े के बाहर ठंड में मर गये
लावारिस पिल्ले-सा पड़ा रहता है
दोपहर होती है, शाम होती है
और अख़बार उठता जाता है
लेकिन किसी-किसी दरवाज़े से
कई-कई दिन तक नहीं उठता अख़बार
अख़बार दरवाज़े पर एक ढेर में बदल जाते हैं
और ढेर एक डरावने ख्याल में
सातवें माले पर पड़ोस का दरवाज़ा खटखटाना
सचमुच एक डरावना-सा ख्याल है

जुलूस

जुलूस कहाँ चलेगा ?
सड़कों पर पहले ही जगह नहीं है
रेल की पटरियाँ रेलों से भी अधिक भरी हुई हैं
मैदानों में गाड़ियाँ खड़ी हो गयी हैं
और बगीचों में फूल
आसमान और भी खाली नहीं है
वहाँ रेडियो, टेलीविज़न, मोबाइल
और इंटरनेट के सैलाब हैं
कुछ आदमी उदास हैं
आखिर जुलूस कहाँ चलेगा ?

घुन

घुन ख़त्म हो रहे हैं चुपके-चुपके
मैंने कई दिनों से नहीं देखा है उन्हें
वे दाल चावल और गेहूँ के
बर्तनों से निकलकर कहीं और चले गये हैं
वे दुकानदारों के बोरों में भी नहीं है
वे किसानों के खेत खलिहानों में भी नहीं हैं
मुझे घबराहट होती है
मैं जब तक घुन नहीं देख लेता
मुझे अनाज के अनाज होने का भरोसा नहीं होता
क्या सचमुच इतनी आसानी से
ख़त्म हो जाएँगे घुन
एक इतने बड़े देश से उनका ख़त्म होना
क्या खबर भी नहीं बनेगा?

तवांग : बादलों के देस में

तवांग के बच्चे

(झाम्ट्से गटसल चिल्ड्रेन्स कम्यूनिटी, लुमला, तवांग के बच्चों के लिए)

हर सुबह हजारों मील दूर से
चली आती हैं तुम्हारी बौद्ध प्रार्थनाएँ
हवा में तैरते हुए

तुम्हारी हँसी
महानगर के भयानक शोर में भी
आत्मा की आवाज़ की तरह साफ-साफ सुनाई देती है

तुम मुस्कराते हो
तो तुम्हारे चेहरों के प्रतिबिम्ब
चाँद के दर्पण में पूरी-पूरी रात दमकते हैं

जब भी छूते हो कहीं तुम कोई दरख़्त
पृथ्वी पर पेड़, पानी और मनुष्य बढ़ जाते हैं

स्वर्ग के बच्चे

(झाम्ट्से गटसल चिल्ड्रेन्स कम्यूनिटी, लुमला, तवांग के बच्चों के लिए)

स्वर्ग के बच्चे पैदा नहीं होते
इसलिए वे जिन्दा रहते हैं हमेशा
सृष्टि के हिमशिखरों पर
वे कहीं नहीं जाते इसलिए उन्हें कभी
वापस नहीं लौटना होता
वे सूरज की तरह अचल और प्रकाशमान हैं

स्वर्ग के बच्चे हर कष्ट को
अपने जादुई स्पर्श से खुशी में बदल देते हैं
मुझे भरोसा है कि एक दिन वे
अपने जादुई लिबासों में
इस धरती पर उतरेंगें
और धरती के सारे कष्ट हर लेंगें

दलाई लामा

स्वीकार और प्रतिकार के बीच तुम खड़े हुए हो अविराम
हाथ जोड़े, मुस्कराते हुए
एक कठोर सत्ता की रीढ़ को दबाए हुए
अपने पैर के अँगूठे से
सत्ताएँ कसमसा रही हैं
लेकिन एक फनकार की तरह
तुमने साधा हुआ है उनको
पूरी दुनिया साँस रोके देख रही है
तुम्हारा अद्‌भुत सन्तुलन
अनवरत शान्ति व मुस्कान के साथ
तुम्हारा टिके रहना ही क्रान्ति हो गया है

लेट्स गो बैक टू टिब्बेट

एक तिब्बती लड़की
अलसुबह
बड़े तेज़ कदमों से गुजरती है
मेरे घर के सामने के गलियारे में
अपनी गीली चप्पलों के साथ

तिब्बती लड़की
हमेशा छींका[1] पहनकर निकलती है
और कन्धे पर डाले रहती है
'लेट्स गो बैक टू टिब्बेट' वाला
एक झोला
कि जैसे यही उसकी ज़िन्दगी का
सबसे बड़ा ख्वाब हो
तिब्बती छींका पहने लौट जाना ल्हासा की ओर
जहाँ के लामा
दुनिया भर का जादू जानते हैं

तिब्बती लड़की ने अपने झोले में
विरासत में मिला धैर्य
इतनी अच्छी तरह सँभाला हुआ है
कि उसके पूरे वजूद में
कहीं कोई हड़बड़ी नहीं नजर आती

बेचैनी की सीमा से परे
जब वह
दमगिन[2] बजाना शुरू करती है
तो बेन जियाबाओ
बेचैन हो उठते हैं
और तेज़ कदमों से टहलने लगते हैं
बीजिंग के अपने महल में

तिब्बती लड़की
प्राय: बहुत धीमा गाती है
इतना धीमा कि
उसकी बन्द आँखों को देखकर ही
पता चल पाता है कि वह कुछ
गा रही है

वह इतना अच्छा गाती है
कि लोग कहते हैं उसकी आवाज़ में
जादू है
लेकिन लड़की जानती है
कि छिने हुए देश को
वापस पाने के लिए
उसकी आवाज़ का जादू काफी नहीं है

---

1. छींका : एक तिब्बती परिधान
2. दमगिन : एक तिब्बती वाद्ययन्त्र

ब्लैकहोल

सब दिशाओं में पहाड़ हैं
यहाँ तक कि
उस एक अंगुल घास के नीचे भी
जिसपर मैं इस वक़्त बैठा हुआ हूँ

मैं साँस लेता हूँ तो पहाड़
मेरे फेफड़ों में चले आते हैं
खोलता हूँ आँखें तो पहाड़
सफ़ेद चादरों की तरह
मेरी आँखें ढाँप लेते हैं
और कानों के पर्दे पर उभरते हैं एक चित्र की तरह

सोते-जागते बाहर-भीतर
पहाड़ ही पहाड़ नज़र आते हैं
पहाड़, जिनसे मैंने ज़िन्दगी भर प्यार किया

गड्डमड्ड हो गयी हैं
इन पहाड़ों में आकर
मेरे सुख-दुःख की परिभाषाएँ
इच्छाएँ, पीड़ाएँ और आनन्द की अनुभूतियाँ

टटोलता हूँ आजकल
अपने भीतर क्नाट प्लेस के उन कबूतरों को
जो दिन–रात मेरे भीतर
न जाने कहाँ–कहाँ से आकर बैठते थे
और मुझे फुसलाते थे

ये पहाड़
जिनके जंगल अभी भी बचाए हुए हैं
मनुष्य की आदिमता
जिनकी कन्दराएँ
अपनी चट्टानी परतों के बीच सँभाले
हुए हैं आदिम मनुष्य का शिशु रूदन
इनके भीतर झाँकने से
अधिक डरावना कुछ नहीं
डरता हूँ आजकल अपने आप से बहुत ज्यादा कि
अपने को परिभाषित करने की सनक में
कहीं उतर न जाऊँ एक दिन
किसी ब्लैकहोल में
कभी न लौटने के लिए

मुझे बचा लो

सामने पहाड़ दिनभर बादलों के तकिये पर
सिर रखे ऊँघते हैं
और सूरज रखता है उनके माथे पर अपने
नर्म गुलाबी होंठ

शाम से पहले
सफ़ेद बादलों का कोई रोयाँ
बिजली की तार पर बैठी
नंगी चिड़िया की तरह
पीछे छूट जाता है

ठीक अँधेरे से पहले
पहाड़ों के होंठ फूटते हैं
ठीक उसी समय दबे पाँव छाने लगता है
एक सन्नाटा
जो मेरी आत्मा के
घायल सूराख में आकर ठहर जाता है
और लाल चींटियों-सा चपचपाकर
काटता जाता है
मेरी आत्मा के लहूलुहान हिस्सों को

तब मैं एक बेहोश नींद में
बुदबुदाता हूँ तुम्हारा नाम
मुझे बचा लो

मैं आसमान हो रहा था

वो आसमान जिसने
महानगर में दौड़ाया था मुझे अपराधी की तरह
जो अपने महत्त्वाकांक्षी औजारों से
रोज़ मेरे अस्तित्व की दो फाँकें करता था
ठीक सोने से पहले
यहाँ आकर देखा तो
वह पहाड़ों के कन्धों पर एक शिशु की तरह
पैर लटकाए बैठा था
उसके पास एक तोतली भाषा तक नहीं थी

यहीं जाना पहली बार
आसमान होने का मतलब
सुखों और दुखों के टुकड़े
अधूरी-अतृप्त इच्छाएँ, हुँकारती वासनाएँ
दुरूह स्वप्नों के धारावाही चित्र,
जीवन और मृत्यु के गहन रहस्य
सब मेरे शरीर से मैल की तरह झरकर
गहरी घाटियों में विलीन हो रहे थे

आसमान अपने गहन अलौकिक प्रकाशमय
अर्थ के साथ
फूट रहा था निरन्तर

और मैं जान रहा था आसमान
जैसे पैदा होता शिशु

इस तरह मैं पुनर्जन्म ले रहा था
मैं आसमान हो रहा था

महानगर

चिपक गया है महानगर मेरे वजूद से
मैल की तरह
नुकीले, खुरदरे पहाड़ों से
मीलों फैली हरियाली से
माँजता हूँ इसे रगड़-रगड़ कर
लेकिन ये मैल है कि
जाने का नाम ही नहीं लेता
हर बार कहीं न कहीं किसी कोने
छूट ही जाता है
और फिर फैलता ही चला जाता है
एक पाप की तरह

तुम्हारी चिर अनुपस्थिति में

तुम्हारी चिर अनुपस्थिति में
सँभाल लिया है मुझे आसमान में उगे पहाड़ों ने
रूई से कोमल और फाहेदार जंगलों ने
जिनपर सिर टिकाये मैं सोता हूँ रातभर

आत्मा के भीतर तक उतरते
एक सन्नाटे के साथ
सरकता हूँ ऊपर की ओर
कि जैसे ये घाटी की ढलान नहीं
तुम्हारा शरीर हो

दूर ऊपर चमकती हैं बर्फ से ढँकी चोटियाँ
एक स्वप्न से भीगी शाम में रख देता हूँ अपनी
जलती हुई आँखें उन बर्फीली चोटियों की नोक पर
और मुक्त होता हूँ हर बार इसी तरह
तुम्हारी चिर अनुपस्थिति में

जूतों की तलाश में

मैं एक दिन बादलों के बीच
भूल आया था अपने जूते
आज भी जब बादलों को देखता हूँ
तो मुझे अपने जूते याद आते हैं

मैं चला जाता हूँ दूर-दूर और दुर्गम स्थानों पर
अपने जूतों की तलाश में
वे जूते जिनके भीतर छुपा मैं सो रहा हूँगा

अति सूधो सनेह को मारग है

जादुई घोड़ा और जिराफ

एक हरा-भरा पहाड़ी रास्ता
आकर ख़त्म हुआ तुम पर
एक पूरा झरना तुम्हारी देह में घुल गया
इस तरह पहाड़ों, नदियों, वृक्षों,
पक्षियों व बादलों से भरी पृथ्वी
और आकाश के जरिये किया तुमसे प्यार

एक खामोश उदास बेंच पर
रची सृष्टि तुम्हारे साथ
बनाया एक जादुई घोड़ा
और आकाश की पत्तियाँ चबानेवाला एक जिराफ
जेब में पाले रहस्यमयी बिल्लियों के बच्चे
और पहाड़ी याक के थनों से
छाना ढेर-सा एकान्त
प्रलय भरे प्रेम के साथ

पहली बार जाना प्रेम

उस दिन उसकी आँखों में
जैसे उतर आए थे बुद्ध
शान्त और खूब शान्त
इतना शान्त कि जिसे
सिर्फ़ मैं ही जान सका था

उन आँखों में ढेर-सी तरलता थी
बीज थे और था एक पहाड़
जिसके खूँटे से बँधी लहरों पर मचलती एक नाव थी

मैं यह सब ऐसे देख रहा था कि जैसे
ब्रह्मांड से कोई धरती देखता हो
एक गोल हरी-नीली धरती
जिस पर बुद्ध की आँखें चमक रही थीं

दरअसल उसी दिन मैंने पहली बार जाना प्रेम

बेंच पर ब्रह्मांड

मैं उसे अँधेरा कहूँ तो झूठ होगा
लेकिन था तो कुछ अँधेरा ही
एक बेंच, एक तुम और एक मैं
हमारे बीच उस बेंच का एक टुकड़ा
दौरा पड़ने की हद तक धड़क रहा था
हवा हमारे कन्धों पर गीले मफलर की तरह झूल रही थी
और पास के पेड़ में छिपा एक घोड़ा
बिना थके खड़ा था सदियों से

देह का खुलना

तुम्हारे साथ एकान्त में
यह देह भी कपड़ा हो जाती है
और मुझे लगता है कि मैं
तुमसे दूर अपने कपड़ों में ही कैद हो गया हूँ

बाँसुरी

ये तुम्हारे होंठ नहीं
ये मेरी आदिकालीन बाँसुरी है
जो तुम्हारे चेहरे पर रखी है अनन्त काल से

तुम्हारे भीतर ही फूटेगा मेरा अनहद
मेरी शान्ति, मेरा मोक्ष
कहीं और नहीं

देह का संगीत

देह के प्रहरी तुम्हारे होंठ
जिनके तले सो रही है
तुम्हारी गहरी नीली आत्मावाली देह

मैं रात भर पड़ा रहता हूँ
तुम्हारे होंठ के द्वार पर
रात भर सुनता हूँ तुम्हारी देह का संगीत

मैं अपनी आत्मा के पैरों को
अपनी पसलियों में सिकोड़कर
ऊँघता रहता हूँ रातभर

मैं प्रतीक्षा करता हूँ
अनन्त काल से
एक द्वार के खुलने का

बस इतनी ही हवा

मैंने उसे चूमा और उदास हो गया
कि ठीक-ठीक यही पल
अब दुबारा कभी नहीं होगा
जब ठीक इतना ही अँधेरा हो
एकदम इतनी ही ठंड
सामने के पेड़ में ठीक इतनी ही पत्तियाँ
पहाड़ की चोटी पर बस इतनी ही बरफ
और हमारी साँसों के भीतर
बस इतनी ही हवा

एस.एम.एस.

रोमांचक और हैरतअंगेज कहानियों
से भरा एक जंगल
खुशमिजाज़ मछलियों से भरा एक समन्दर
और सपनों से अटा पड़ा एक आसमान

कितनी अजीब बात थी कि
तीनों मेरी छोटी-सी जेब में समा गये थे

ब्रेकअप-एक

उसे उन गलतियों के बारे में कुछ भी पता नहीं था
जो ग्लेशियर की तरह हमारे शरीरों के बीचों-बीच
बिस्तर पर जम गयी थीं
मैं ग्लेशियर के इस तरफ खड़ा उसकी बर्फीली आँखों
में ताक रहा था और वे सारे सबूत इकट्ठा
करना चाह रहा था
जो मेरी गलतियों के हिस्से में आने थे
बर्फ़ का कोई नुकीला टुकड़ा,
कोई खंजर, कोई पिस्तौल
या कोई कठोर तिकोना पत्थर
अथवा ऐसी ही कोई मामूली चीज़
जो किसी खरगोश के नन्हें शावक जैसे नर्म,
मुलायम और अबोध प्यार का कत्ल कर देने के लिए काफी होती
इतनी दूर से ये जान पाना बहुत मुश्किल था
कि क्या सबूतों को लेकर इतनी ही बैचैनी उसके भी
भीतर थी या नहीं
क्या उसने भी जुटाए थे मेरे या अपने विरुद्ध कोई सबूत
आखिर इसमें तो कोई दो राय नहीं
कि क़त्ल तो हुआ ही था
और मौका ए वारदात पर
हम दोनों के सिवा और कोई था भी नहीं

इस कत्ल के दुःख पर इस रहस्य की बेचैनी भारी
पड़ रही थी कि इसे हम दोनों में से
किसने अंजाम दिया था
जाहिर है बिस्तर पर पड़ी अकेली निर्जीव तकिया तो
यह काम नहीं कर सकती थी
मैं कई रातों उसे कमरे में अकेली सोता छोड़
छत पर नंगे पाँव टहलता रहा था
ऐसा लगता था कि अब मैं
हमेशा इसी तरह बदहवास
चाँद के नीचे टहलता रहूँगा
और वह सोती रहेगी खामोश दीवार से मुँह सटाए
तब मुझे पहली बार लगा था
कि मनुष्य मृत्यु या मृत्यु के
जैसे अन्य किसी भयानक दुःख
से भी अधिक पीड़ित किसी रहस्य से होता है
ऐसे में वह या तो रहस्य से बचना चाहता है
या समय रहते उसे सुलझा लेना चाहता है
इसी रहस्य की पीड़ा से वह दर्शन से लेकर विज्ञान तक
जन्माने को मजबूर होता है
इसी रहस्य के कोड़े से पीड़ित वह गॉड को एक पार्टिकल में
बदलकर देखना चाहता है
और इसी के चलते टहलते हुए पृथ्वी की परिधि के बाहर
चला जाता है

वह आखिरी बार खामोश थी फोन के दूसरी तरफ
उसकी खामोशी समकालीन दुनिया का सबसे बड़ा रहस्य थी
मैं डर से जितनी जोर से चीख सकता था
उतनी जोर से चीखा था—
मुझे इस रहस्य से मुक्त कर दो

ब्रेकअप-दो

वह जो मुझे खो देने के भय से मुक्त हो गयी
दुनिया की सबसे बहादुर लड़की साबित हुई
वह जा रही थी मुझसे दूर हमेशा के लिए
अपनी उदासी से आजाद होकर

मैं उससे लड़ा अपनी पूरी बेरहमी के साथ
हाथों में भय, क्रोध, याचना
और अपार दु:ख व तनाव के हथियारों को उठाए
मैं दरअसल उसकी आजादी के खिलाफ था
जो अपनी एक मुस्कान तक के लिए मेरे रहमोकरम पर
निर्भर थी
मैं खुश था कि उसके जीवन
में छाया हुआ था बादलों की तरह
मैं जब चाहे उसकी आँखों और
होंठों पर मेह बनकर बरस सकता था
और जब चाहूँ उसे डुबो सकता था अपने प्यार के
अथाह जल में
कभी-कभी जब वह डूब रही होती थी
मैं किनारे खड़ा मुस्करा रहा होता था
उसे तैरना नहीं आता था, ये बात
हालाँकि मैं जानता था
फिर भी मैंने ढँक लिया था उसके जीवन में सूर्य को

मैं चाँद तो क्या
तारों को भी उस तक
बिना अपनी मर्जी के
नहीं पहुँचने देता था
दरअसल मैं उसे
क्रूरता की इस हद तक
प्यार करता था कि उसके वर्तमान तो क्या
अतीत और भविष्य तक को निगल लेना चाहता था

वह जब भी उदास होती मैं उसका हाथ धीरे
से छोड़कर कहता–क्या मैंने तुम्हारी आजादी
छीन ली है
वह कहीं नहीं जाती
वह मेरी छाती पर गाल टिकाए बूँद दर बूँद
रोती सिसकती
वह मुझे एक गोह की तरह जकड़ती चली जाती
कहती जाती कि तुम मुझे छोड़कर कहीं
चले तो नहीं जाओगे
मैं उसके भोलेपन पर हैरान होता
अपने आप से पूछता–क्या यह कभी सम्भव है ?

मुझे नहीं पता चला जब वह पहली बार
मेरे बिना मुस्कायी होगी
जब वह एक बर्फीले पहाड़ की चोटी पर
दुनिया की ओर बाँहें पसारे खड़ी हुई होगी
जब उसे पहली बार लगा होगा कि जीवन की कल्पना
मेरे बिना असम्भव बात नहीं
मैं सोचता हूँ वह मेरे जीवन का
कितना भयानक दिन रहा होगा
उस वक्त मैं इस बात से बेखबर कहाँ रहा हूँगा
मेरी किसी बेफिक्र नींद में पहली बार उसका हाथ
मेरे हाथ से फिसला होगा

और मुझे पता नहीं चला होगा
वह अपने जूतों में उस समय सुबह-सुबह
अकेली टहलने निकल गयी होगी
फूलों पर टिकी ओस उसे देख मुस्कायी होगी
और सूरज ने बजायी होंगी तालियाँ
उसकी आजादी की आहट पर
क्या पता उस दिन उसने प्यार को एक लम्बी
बीमारी की तरह देखा हो
और सोचा हो उससे मुक्ति के बारे में

जब उसने आखिरी बार अपने सूखे
होंठों से मेरे माथे पर चूमा था
उस दिन को याद करके आज सिहरन होती है
कि हमें सचमुच कई बार आभास तक नहीं होता उन चीजों का
कि दरअसल वे आखिरी बार जीवन में घट रही हैं
मैं सचमुच नहीं जान पाया था
जब उसने जाते हुए मुझे आखिरी बार मुड़कर
देखा था
वे आँखें आज भी मुझे अपने कन्धे पर रखी मालूम होती हैं
मैं उन्हें महीनों पढ़ता रहा लेकिन उनमें
छुपे उस 'अन्तिम' को नहीं जान पाया
वह यह सब कर पायी क्योंकि वह एक बहादुर लड़की थी
बहरहाल इस कहानी की सीख यही है
कि एक बहादुर लड़की से प्यार करना उतना
ही खतरनाक काम है
जितना कि एक कमजोर लड़की से प्यार करना
अन्त में यदि आप गणित में अच्छे हैं
तो प्रमेय लगाकर आसानी से इस नतीजे पर
पहुँच सकते हैं कि
प्यार करना एक बेहद खतरनाक काम है

ब्रेकअप-तीन

एक कमजोर लड़की से प्यार करना बड़ा खतरनाक काम है
आप उसे टूटकर प्यार नहीं कर सकते
चूँकि ज्यादा संभावना इसी बात की है
कि आप उसे प्यार करते हुए
बुरी तरह टूट सकते हैं
यह टूटना इतना ही खतरनाक
हो सकता है जितना भाखड़ा बाँध का टूटना
या सुनामी का उठना समन्दर के किनारे
इस तबाही पर कोई खबरें प्रसारित नहीं होंगी
यज्ञ, पूजा, हवन और प्रार्थनाएँ नहीं की जाएँगी
इस भयावह शोक पर
हो सकता है अपनी ही अर्थी अकेले उठाए
दिल्ली जैसे महानगर में
महीनों या सालों भटकना पड़े
सम्भव है आप अपनी पीठ पर
अनजान थूकों के गीले धब्बे महसूस करें
होने को कुछ भी हो सकता है
एक कमजोर लड़की से प्यार करते हुए

पूर्व प्रेमिकाएँ

मेरे बाद
वे उन छातियों से भी
लगकर रोयी होंगी
जो मेरी नहीं थीं
दूसरे चुम्बन भी जगे होंगे
उनके होठों पर
दूसरे हाथों ने भी जगाया होगा
उनकी हथेलियों को

उनकी लोहे-सी गरम नाक की
नोक ने
और गरदनों को भी दागा होगा
उन्होंने फिर धरी होगी
मछली की देह
किसी और के पानी में

वे किसी और के तपते
जीवन में भी पड़ी होंगी
पहली बारिश की बूँद-सी
उनके सुन्दर कुचों ने फिर दी होगी
उठते हिमालय को चुनौती

मुझे नहीं पता
लेकिन चाँद सुलगता रहा होगा
और
समुद्र ने अपने ही
अथाह जल में डूबकर
जरूर की होगी
आत्महत्या की कोशिश
जब उन्हें पता चला होगा

मैं मरता नहीं

ऐसा भी होता है
कि मैं तुम्हारे न होने में भी पनपता हूँ
जैसे बादल के न होने में पानी
जैसे पानी के न होने में बीज
जैसे बीज के न होने में सम्भावना

मैं सूर्य की अग्नि में
छुप जाता हूँ ओस की तरह
समुद्र में चिंगारी और
पंख में धरती की तरह

जब जीवन से डरता हूँ
तो मृत्यु में
और जब मृत्यु से डरता हूँ
तब वीर्य में शरण पाता हूँ

जब देश से किया जाता हूँ
विस्थापित
तो पृथ्वी पर
और जब पृथ्वी से निकाला जाता हूँ
तो ब्रह्मांड में चला जाता हूँ

कुछ होने के दिनों में
मैं ईश्वर होता हूँ
और जब कुछ नहीं होता
तो शून्य हो जाता हूँ

आदिम मनुष्य की तरह

तुम
एक सुन्दर बियावान जंगल हो
जिसके खूब भीतर रहना चाहता हूँ मैं
एक आदिम मनुष्य की तरह
नग्न
मग्न
अकेला

तुम्हारे न होने पर

पृथ्वी घूम रही है
सूरज के चारों तरफ
और पृथ्वी के भीतर भी
एक पृथ्वी टहल रही है निरन्तर

सब कुछ चलायमान है
आग, पानी, मिट्टी, बयार
कुछ नहीं है ठहरा हुआ
कोई नहीं है स्थगित
स्थगित है सिर्फ़
जीवन

एकाकी

जब मैं तुम्हारा साथ पाने के लिए
कह रहा था कि मैं अकेला हूँ
अकेला नहीं था शायद

उस वक़्त भी मेरी दो बाजुओं पर
पुरवैया और पछियाव
आसमान में उड़ते
सुग्गों की तरह आकर सुस्ताते थे
सिर पर ठुड्डी टिकाता था सूरज
और पृथ्वी चलती थी मेरे साथ
अपनी धुरी पर फुदकती हुई

लेकिन तुम्हारे जाते ही
भौंचक्का रह गया मैं
जब मेरी परछाईं तक इठलाती हुई
तुम्हारे पीछे-पीछे चली गयी

इससे पहले कि

सूरज के डूबने और उगने के बीच
मैं तैयार कर लेना चाहता हूँ
रौशनी के मुट्ठी भर बीज
जिन्हें सवेरा होते ही दफना सकूँ मैं
धरती के सबसे उर्वर हिस्से में
और रो लेना चाहता हूँ
कुछ और गर्म आँसू
इससे पहले कि दुनिया की सारी चिन्ताएँ
समाप्त हो जाएँ

सवाल

सवाल प्यार करने या न करने का नहीं था दोस्त
सवाल किसी हाँ या न का भी नहीं था
सवाल तो यह था
कि उन आँखों में हरियाली क्यूँ नहीं थी
और क्यूँ नहीं थी वहाँ
खामोश पत्थरों की जगह
एक बुड़ावदार झील ?

सवाल मिलने या न मिलने का नहीं था दोस्त
सवाल खुशी और नाराजगी का भी नहीं था
सवाल तो यह था
कि एक उदास तख्ती के लिए क्यूँ नहीं थी
दुनिया भर में कहीं कोई खड़िया मिट्टी
और क्यूँ नहीं थी एक भी दूब
इतने बड़े मैदान में ?

सवाल ताल्लुकात रखने या मिटा देने का नहीं था दोस्त
सवाल जरूरत या गैर जरूरत का भी नहीं था
सवाल तो यह था कि इतनी बड़ी दुनिया में
कोई इतना अकेला क्यूँ था
और क्यूँ नहीं था उसके पास
एक भी सवाल
इतनी बड़ी दुनिया के लिए ?

अबोध

प्यार करनेवाले
अबोध भेड़ शावकों
की तरह होते हैं

कसाई की गोद में भी
चढ़ जाते हैं
और आदत से मजबूर बेचारे
भेड़िए की थूथन से भी नाक सटाकर
प्यार
सूँघने लगते हैं

तुम्हारे साथ

तुम्हारे साथ कितनी छोटी थी यह दुनिया
मौन आकाश और बातूनी पृथ्वी के बीच
उड़ती गौरैया जितनी
गुलाब की आखिरी अधखुली परत जितनी
और तुम्हारी आँख की काली गोलाई जितनी

तुम्हारे बाद कितनी बड़ी है
ये दुनिया
कि एक छोटी-सी पगडंडी भी लगती है
तपते डामर की अनन्त असीम सड़क की तरह
जहाँ ध्वनि की रफ्तार से गुजरते हैं लोग
जबकि मैं एक केंचुए की तरह
इंच दर इंच सरकता हूँ
और यह भी नहीं जानता कि क्यों सरकता हूँ

जब आप प्रेम करते हैं

जब आप प्रेम करते हैं
तब आप दुनिया के निकम्मेपन और क्रूरता को
एक सरल मुस्कान से
जीत लेने के किस्से गढ़ते हैं
और विश्वास करने लगते हैं
कि इस बंजर होती धरती पर यकायक
पेड़ बढ़ गये हैं
उन दिनों आपको एक कंक्रीट की बिल्डिंग भी
हरी नजर आती है और पैरों के नीचे
तपते डामर की काली सड़कें भी
महसूस होती हैं ठंडे छिछले तालाबों की तरह
तब आप एक टिमटिमाती रौशनी भर के
भरोसे पर एक भयानक लम्बी सुरंग में
प्रवेश कर जाते हैं और उम्मीद करते हैं
कि आप उसे सौ फ़ीसदी पार कर ही लेंगे

मैं रास्ते में हूँ

समय हमारे बीच आकाश की तरह
तन गया है
और विस्तार ले रहा है ब्रह्मांड की तरह
यह पल जो हमारे बीच अकेली रौशनी की तरह खड़ा है
बेहद लम्बा है
लेकिन उतना ही कमजोर और नाजुक भी

दुनिया की कोई भी भाषा
हमारे बीच का पुल होने के लिए नाकाफी है
लेकिन सुनो उदास मत होना
मेरा इन्तज़ार करना
मैं रास्ते में हूँ

इतने प्यार के बाद

इतने प्यार के बाद तो तुम्हें
आकाश में तना इन्द्रधनुष होना था
बाढ़ की नदी या
चक्रवात होना था
तुम कहाँ हो अपने अपार को समेटे
ओ मेरे वक्ष पर तैरती नदी
सुनो! अपार दलदल से भरे वे वर्षा वन
वहाँ तुम्हारी जरूरत नहीं
आओ इन धरती की फूटती दरारों को भरो
जहाँ बहुत नीचे हड़प्पाकालीन एक
मृत व सूखी सीपी पड़ी है

शुरुआत

वो जो डरती थी सोचने से हमेशा
रोज तबाह करती थी अपनी आँखों में
एक हरा-भरा जंगल
और नोचती थी फूलों की घाटियाँ

मुझे याद है वह चीखी थी पहली बार
कुछ सोचते हुए
जैसे कि मैं भी चीखा था एक बार कभी

यह एक शुरुआत थी

गुनगुनी धूप के साथ

तुमसे प्रेम करना अब कुछ ऐसा ही है
जैसे किसी बेहद गीले पृष्ठ पर
लिखने की कोशिश करना

तुम्हारे गीले अस्तित्व पर खुरदरी अँगुलियाँ
कैसे उकेरूँ
सोचता हूँ तुम्हें चमकते आसमान के नीचे
खुला निस्पन्द छोड़ दूँ हवा और
गुनगुनी धूप के साथ
ताकि तुम अपने अस्तित्व को नए सिरे से
गढ़ सको

आकाश

तो क्या उसने भी कभी एक अनन्य अगम्य
प्रेम क्षितिज की कल्पना की होगी?
महत्वाकांक्षाओं के क्रूर निर्मम लुटेरों ने
क्या आकाश की छाती पर भी
चलाई होंगी लाठियाँ?

आखिर उसकी देह इतनी नीली कैसे
कि जिसकी परछाइयाँ
विशाल समन्दर तक के दामन पर
उतर आती हैं

खजुराहो

ये वो शहर है
जो मेरे तकिये के नीचे बसा है
जब मैं सोता हूँ तो मूर्तियाँ
अपने छन्दों के साथ मुक्त होती हैं
मैं एक-एक मूर्ति को हाथ से टटोलने की
कोशिश करता हूँ
मूर्तियाँ नाचती हैं लेकिन कुछ कहती नहीं

वे मुझे आज भी इसी तरह देखती हैं
जैसे हम उन्हें पहली बार देखते रहे थे

गवाही

हवाई अड्डे पर तुम्हें आखिरी बार चूमते हुए
एक बच्चे ने देखा था हमें
दाँतों तले अँगुली दबाए
सेंसर बोर्ड की निगाह से
चुरा लिया था हमने वह वक़्त
और उस बच्चे ने उसकी गवाही ली थी

अच्छा लगता है जब ज़िन्दगी में कोई बड़ी घटना
ए सर्टीफिकेट की मार से बच जाती है
और सहजता से हिस्सा हो जाती है
किसी बच्चे, चिड़िया, हवा या दरख्त के अनुभव का

रात

मुझे एक रात चाहिए
मेरा मतलब घने अँधेरेवाली एक रात
जिसे नगर निगमों और सोसाइटियों ने
मुझसे पूरी तरह छीन लिया है
और फैला दिया है एक मटमैला या
पीली खँखार जैसा उजाला मेरे चारों तरफ

इस बदबूदार उजाले में
मेरी आत्मा तुम्हें मनभर प्यार भी नहीं कर पाती
मेरे हाथ एक आँख की तरह तुम्हारे गालों पर खुलने से
वंचित रह जाते हैं
और मैं तुम्हारे भीतर छिपकर
शान्ति से सो भी नहीं पाता
इस क्रूर भयानक उजाले भरे समय में

महानगर में प्यार की जगह

मैं उसे लेकर पूरे महानगर में घूमा
लेकिन कहीं कोई ऐसी जगह नहीं थी
जहाँ मैं उसे प्यार कर सकता
हम जहाँ भी जाते
एक छाया हमारे पीछे दम साधे चुपचाप चलती रहती
हम जिस दरख़्त के नीचे खड़े होते
उस पर वह एक चमगादड़ की तरह लटक जाती
हम जिस बेंच पर बैठते वह उसके नीचे पसर जाती
किसी बन्द कमरे में पहुँचते तो वह
हमारी हथेलियों और माथे पर
पसीना बनकर फिसलने लगती

कितना अजीब है यह समय
कि इतने बड़े महानगर में
प्यार करने के लिए एक भी जगह नहीं ?

प्रतीक्षा

एक दिन तुम्हारी उन्मुक्त हँसी की
खूब प्रतीक्षा की
और जाना
कि प्रतीक्षा अनन्त आकाश है

अच्छी प्रेमिकाएँ

अच्छी प्रेमिकाएँ बड़ी नहीं होतीं
बस उनके आसपास का समय बड़ा हो जाता है
उनकी आँखों में ओस से डूबी इमली की पत्ती
चिरकाल तक पड़ी रहती है बिना गले
उनके कंठ का अमरूद कभी नहीं पकता
काँटेदार फूलों से लदे पटुए की तरह उनका शरीर
आँखों को निमन्त्रित करता है, बाँहों को नहीं

अच्छी प्रेमिकाओं के बारे में
कोई भी यह नहीं जान पाता कि
दरअसल वे कितनी अच्छी हैं
ये बात सिर्फ़ उनके प्रेमी जानते हैं

तुम मुझे ढूँढ़ लेना

जब कभी रात के तीसरे पहर की नींद में
मैं तुम्हें अपनी कब्र पर जागता मिलूँ
और मेरी याद के आतंक से तुम पिघलने लगो
तो अपनी आँख के पानी में डूबकर
अपनी आत्मा को टटोलना
मेरे होंठ उसी तकिए पर मिलेंगे
जिस पर उसने तुम्हें पहली बार चूमा था

मेरी आँखें मैं दुनिया से छिपाकर
तुम्हारी आँखों के नीचे छुपा आया था
जब आकाश का आखिरी तारा समन्दर में टूटकर समा जाए
या सूरज किसी राख के गोले-सा
मैदान में लावारिस पड़ा दिखाई दे
तुम मुझे ढूँढ़ लेना

प्यार में यह जरूरी नहीं

प्यार में यह जरूरी नहीं कि मैं जो कुछ कहूँ
वह तुम समझ ही लो
सम्भव है किसी दिन
तुम मेरे होठों का हिलना भर देखो
और देख न सको उसके पीछे छुपा चुम्बन

प्यार में यह भी जरूरी नहीं
कि आकाश का रंग लाल ही दिखे
सम्भव है किसी दिन वह
मेरे सर के ऊपर काले कम्बल के ढेर-सा रखा दिखाई दे
और तुम उसके भीतर छुपी गर्मी
पहचान न सको

तुम्हारा यहाँ न होना

कितना बुरा है तुम्हारा यहाँ न होना
कि एक टुच्चा-सा ख्याल भी
धमकाकर चला जाता है
छोटी-सी चिड़िया भी हँसकर चली जाती है
मेरी उदासी पर

तुम्हारा न होना सचमुच इतना बुरा लगता है कि
सीधा सादा जीवन भी
जीवन के प्रति षड्यन्त्र नजर आने लगता है

भोर का तारा

पूरी रात सब साथ रहे
सुबह वह छूट गया अकेला
आसमान के एक छोर पर
मैंने उसे तुम्हारी आखिरी उदास आँखों की तरह देखा
लाल और खामोश

तुममें लौटना

सर्दियाँ ख़त्म हुईं
और पक्षी घर लौट गये
ज़िन्दगी में एक स्वतन्त्र अस्सीम आसमान
के सिवा जिन्होंने
कभी दूसरी कोई चीज़ न चाही
आखिर वे भी
पूरी पृथ्वी और पूरा आसमान उड़ने के बाद
अपने घर लौट गये

मैं तुम्हें एक घर की तरह
याद करता हूँ
जब पैरों में घाव
आत्मा में स्मृतियाँ
और आँखों में रात भर आती है
मैं सिर्फ़ तुममें लौटना चाहता हूँ

❑❑❑

णाणं
पयासयं

वीर नि. सं. 2470

ई. सन् 1944

भारतीय ज्ञानपीठ